뾰포모포
어린이 중국어
말하기 ④

신한

JPLUS
Language Publishing Co.

차례

이 책의 사용법

 알아보아요

그 과의 핵심어휘를 그림과 함께 알아 보아요.

그림단어

그림을 통하여 배우게 될 내용을 미리 떠올려 보며 새로 나오는 단어를 익힙니다.

대화본문

친구들의 일상생활을 들여다 보며 중국어를 즐겁게 말해봅니다.

 배워 보아요

상황에 어울리는 대화문을 익혀요.

 말해 보아요

배운 표현을 활용하거나 응용표현을 익힐 수 있어요.

응용표현

예문을 통해 주요 어휘나 문장을 다시 한번 익힙니다. 여러 번 반복해서 말하기를 통하여 중국어에 대한 자신감을 키울 수 있습니다.

 불러 보아요

그 과에서 배운 내용을 노래나 챈트로 즐겁게 따라해요.

노래

즐겁게 노래를 따라 부르면서 배운 내용을 다시 한 번 복습합니다. 친숙한 멜로디에 중국어 가사를 입혀서 문장을 통째로 익히니 중국어가 쉬워집니다.

 **一起玩儿** 함께 놀아요 **함께 놀아요**

재미있는 게임과 활동으로 신나게 체험하며 배워요.

놀이활동

아동의 발달 특성에 맞춘 신체 활동 및 다양한 조작 활동은 학습자에게 지속적으로 호기심을 자극하여 중국어 시간이 더욱더 재미있어집니다.

 做一做 풀어 보아요 **연습문제**

듣고, 고르고, 써 보며 재미있게 복습해요.

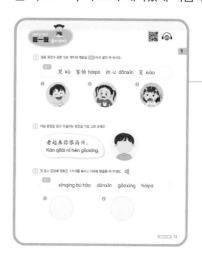

연습문제

읽기, 말하기 연습에 더하여 듣기 훈련을 통해 배운 내용을 다시 한번 복습합니다. 간단한 쓰기 연습으로 한 자나 병음을 익힐 수 있습니다.

 **步步高** 더 알고 싶어요 **중국의 문화**

중국의 문화를 하나 하나 배워나가요.

문화

중국 문화에 대한 간단한 상식을 통하여 이웃 나라 중국에 대한 이해를 한층 더 높일 수 있습니다.

  MP3 음원
휴대폰에서 바로 들을 수 있어요.

다애 多愛
(Duōʾài)

호기심이 많고 적극적인
성격을 지녔어요.

지명 知明
(Zhīmíng)

친절한 성격으로 주위에
친구들이 많아요.

민주 民珠
(Mínzhū)

조용한 성격에 수줍음이 많지만,
친구를 좋아하고 그림 그리기를
좋아해요.

대한 大韩
(Dàhán)

운동을 매우 좋아하고 활달한
성격이에요.

❶ Kàn qǐlái, jīntiān nǐ de xīnqíng hǎo.

❷ Shì a. Jīntiān wǒ hěn gāoxìng.

Kàn qǐ lái, jīn tiān nǐ de xīn qíng hǎo.
看起来，今天你的心情好。 너 오늘 기분 좋아 보여.

Shì a. Jīn tiān wǒ hěn gāo xìng.
是啊。今天我很高兴。 맞아. 오늘 엄청 기분 좋아.

❸ Wèishénme ne?

❹ Wǒ kǎoshì dé le yìbǎi fēn.

Wèi shén me ne?
为什么呢? 왜?

Wǒ kǎo shì dé le yìbǎi fēn.
我考试得了100分。 나 시험 100점 받았거든.

단어

看起来 kàn qǐlái
보아하니, 보기에 ~하다

心情 xīnqíng 기분, 감정

啊 a 어기조사
(문장 끝에 쓰여 긍정을 나타냄)

高兴 gāoxìng 기쁘다

考试 kǎoshì 시험

得 dé 얻다, 획득하다

100分 yìbǎi fēn 100점

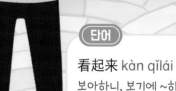

我的心情   9

여러분은 오늘 하루 기분이 어땠나요?
지명이의 오늘 하루 기분을 살펴보아요.

나는 오늘 기분이 좋지 않다.
Wǒ jīntiān xīnqíng bù hǎo.

난 걱정이 되었다.
Wǒ dānxīn le.

아주 무서웠지만, 울지는 않았다.
Hěn hàipà, dàn méi yǒu kū.

누나가 웃었다. 나도 웃었다.
Jiějie xiào le. Wǒ yě xiào le.

Wǒ jīn tiān xīn qíng bù hǎo.
我今天心情不好。

Wǒ dān xīn le.
我担心了。

Hěn hài pà, dàn méi yǒu kū.
很害怕，但没有哭。

Jiě jie xiào le. Wǒ yě xiào le.
姐姐笑了。我也笑了。

단어

担心 dānxīn 걱정하다
害怕 hàipà 무서워하다
哭 kū 울다
笑 xiào 웃다

04

1

Bà ba xiào le.　Wǒ yě xiào le.
爸 爸 笑 了。我 也 笑 了。

Jīn tiān kǎo shì dé le yìbǎi fēn yìbǎi fēn.
今 天 考 试 得 了 100 分 100 分。

Bà ba xiào le.　Wǒ yě xiào le.
爸 爸 笑 了。我 也 笑 了。

Mā ma xiào le.　Wǒ yě xiào le.
妈 妈 笑 了。我 也 笑 了。

Jīn tiān kǎo shì dé le yìbǎi fēn yìbǎi fēn.
今 天 考 试 得 了 100 分 100 分。

오늘 시험 100점 받았어요.

아빠가 웃어요. 나도 웃어요.

엄마가 웃어요. 나도 웃어요.

오늘 시험 100점 받았어요.

'작은별' 노래에 맞추어 신나게 불러 보아요.

我的心情 11

yìqǐ wánr
一起玩儿 함께 놀아요

내 기분 알아보기

준비물 : A4 색상지, 부록 활동자료, 풀, 가위

1. 실선은 자르고 점선은 접어요.	2. 4번과 5번을 붙여요.	3. 지그재그 모양이 되도록 접어요.	4. 부록의 표정 그림을 오려서 붙여요. 제목의 글자도 예쁘게 색칠해 보아요.	5. 완성한 모습
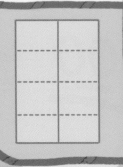			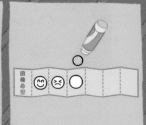	

놀이 방법

1. A4 색상지를 보기와 같이 접어 지그재그 모양의 책이 되도록 만들어요.

2. 부록 1과 활동자료 그림을 예쁘게 오려요.

3. 표지를 앞에 붙이고 부록의 표정이 그려진 단어를 잘라서 책을 꾸며보세요. 오늘 하루 나의 기분이 변하는 과정을 순서대로 책에 붙이고 큰 소리로 읽어 봅시다.

4. 여러분은 어떨 때 이런 기분이 들었나요? 친구들과 이야기 나누어 보아요.

1

① 얼굴 표정과 관련 있는 한자와 병음을 보기 에서 골라 써 보세요.

보기

哭 kū　害怕 hàipà　担心 dānxīn　笑 xiào

❶ 　　❷ 　　❸

② 다음 문장을 읽고 어울리는 표정을 직접 그려 보세요.

看起来你很高兴。
Kàn qǐlái nǐ hěn gāoxìng.

③ 잘 듣고 문장에 알맞은 스티커를 붙이고 아래에 병음을 써 보세요.

보기

xīnqíng bù hǎo　dānxīn　gāoxìng　hàipà

❶ 　　　　❷

만만디 중국인

사람마다 차이가 있겠지만 중국인들은 비록 상대방에게 좋지 않은 감정이 있어도 겉으로는 잘 내색을 하지 않고 다정한 표정을 짓습니다. 이는 상대방과 대립하거나 갈등을 일으키는 감정을 피하고 우호적인 관계를 유지하기 위함이라 볼 수 있어요.

흔히 중국인을 가리켜 '만만디 慢慢的'(mànmànde)라고 말하는 경우를 보게 되는데, 이는 그들의 정서적 여유로움과 신중함을 나타낸다고 할 수 있어요. 또한 중국인이 자주 인용하는 격언 중에 '不怕慢, 只怕停'(bú pà màn, zhǐ pà tíng)이라는 말이 있는데, 이 말은 '천천히 가더라도 멈춤 없이 나아가는 것이 중요하다'는 것을 의미합니다. 이것을 보더라도 중국인의 서두르지 않는 느긋함을 엿볼 수 있어요.

만만디는 '천천히' 라는 뜻으로, 느긋하고 여유있는 중국인들의 특성을 표현하는 말이에요.

qíngtiān
晴天

yīntiān
阴天

xiàyǔ
下雨

guāfēng
刮风

xiàxuě
下雪

학습포인트 날씨 표현을 익히고 오늘 날씨를 말해 봅시다.

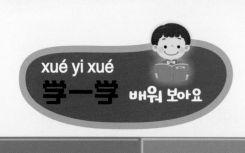
❶ Nǐ xǐhuan yǔtiān ma?

❷ Bù xǐhuan. Yīnwèi bù néng zài wàibian tī zúqiú. Nǐ ne?

Nǐ xǐ huan yǔ tiān ma?
你喜欢雨天吗？

너 비오는 날 좋아해?

Bù xǐ huan
不喜欢。

싫어해.

Yīn wèi bù néng zài wài bian tī zú qiú Nǐ ne?
因为不能在外边踢足球。你呢？

밖에 나가서 축구를 못 하니까. 넌?

2

❸ Wǒ xǐhuan yǔtiān.

❹ Wèishénme ne?

❺ Wǒ xǐhuan yǔtiān zài jiā lǐ tīng yīnyuè.

단어

雨天 yǔtiān 비 오는 날
因为 yīnwèi 왜냐하면
外边 wàibian 바깥

Wǒ xǐ huan yǔ tiān.
我喜欢雨天。

난 비오는 날 좋아해.

Wèi shén me ne?
为什么呢?

왜?

Wǒ xǐ huan yǔ tiān zài jiā lǐ tīng yīn yuè.
我喜欢雨天在家里听音乐。

비오는 날 집에서 음악 듣는 것 좋아하거든.

说一说 shuō yi shuō 말해 보아요

날씨가 어떤지 물어 볼 때는 '天气怎么样?'이라고 해요.
날씨가 어떤지 서로 묻고 대답해 보아요.

Míng tiān tiān qì zěn me yàng?
明天天气怎么样?

Tīngshuō míng tiān xià yǔ.
听说明天下雨。

Wài bian tiān qì zěn me yàng?
外边天气怎么样?

Wài bian guā fēng.
外边刮风。

Jīn tiān tiān qì zěn me yàng?
今天天气怎么样?

Jīn tiān tiān qì fēi cháng hǎo.
今天天气非常好。

Tiān qì zěn me yàng?
天气怎么样?

Zhèng zài xià xuě ne.
正在下雪呢。

단어

听说 tīngshuō 듣자(하니), 듣건대
下雨 xiàyǔ 비가 오다
刮风 guāfēng 바람이 불다

非常 fēicháng 대단히, 매우
正在 ~呢 zhèngzài ~ne ~하고 있다
下雪 xiàxuě 눈이 내리다

Jīn tiān tiān qì zěn me yàng?

今 天 天 气 怎 么 样 ?

2

Jīn tiān tiān qì zěn me yàng?

* 今 天 天 气 怎 么 样 ？

Xià yǔ xià yǔ jīn tiān xià yǔ.

1 下 雨 下 雨 今 天 下 雨 。

Guā fēng guā fēng jīn tiān guā fēng.

2 刮 风 刮 风 今 天 刮 风 。

Xià xuě xià xuě jīn tiān xià xuě.

3 下 雪 下 雪 今 天 下 雪 。

Duō yún duōyún jīn tiān duō yún.

4 多 云 多 云 今 天 多 云 。

*오늘 날씨 어때?

1. 비 와, 비 와, 오늘 비가 와.

2. 바람 불어, 바람 불어, 오늘 바람이 불어.

3. 눈 와, 눈 와, 오늘 눈이 와.

4. 구름 많아, 구름 많아, 오늘 구름이 많아.

단어

多云 duōyún 구름이 많다

'시계' 노래에 맞추어 신나게 불러 보아요.

你喜欢雨天吗? 19

yìqǐ wǎnr
一起玩儿 함께 놀아요   일기 예보

다음 주 날씨를 예측해 보고, 다음 빈칸을 그림으로 채웁니다.
기상캐스터가 되어 친구들 앞에서 각 요일의 날씨를 말해 보아요.

天气怎么样? Tiānqì zěnmeyàng?

xīngqītiān	xīngqīyī	xīngqī'èr	xīngqīsān	xīngqīsì	xīngqīwǔ	xīngqīliù
星期天	星期一	星期二	星期三	星期四	星期五	星期六

＊天气预报员 tiānqì yùbàoyuán 기상캐스트

晴天 qíngtiān
多云 duōyún
下雨 xiàyǔ
刮风 guāfēng
下雪 xiàxuě
阴天 yīntiān

단어

晴天 qíngtiān 맑음
阴天 yīntiān 흐림

① 그림을 보고 날씨의 변화를 순서대로 잘 나타낸 것을 고르세요.

❶ qíngtiān — guāfēng — xiàxuě

❷ yīntiān — duōyún — xiàyǔ

❸ duōyún — xiàyǔ — guāfēng

② 우리말 뜻에 맞게 알맞은 글자끼리 선으로 이으세요.

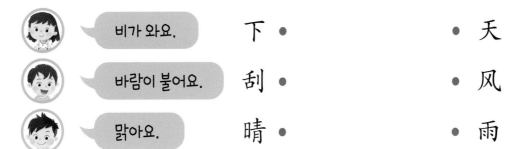

비가 와요.　下 ·　　　· 天

바람이 불어요.　刮 ·　　　· 风

맑아요.　晴 ·　　　· 雨

③ 잘 듣고 대한이가 싫어하는 날씨와 그 이유를 고르세요.

❶ 晴天　집에서 음악 듣는 것을 좋아해서

❷ 下雪　눈사람을 만드는 것을 좋아하지 않아서

❸ 下雨　밖에 나가 축구를 할 수 없어서

중국의 일기예보

중국의 일기예보(天气预报 tiānqìyùbào)를 보면 우리나라보다 훨씬 방송 시간이 길다는 것을 느낄 수 있어요. 이것은 아무래도 면적이 우리나라의 50배 정도이니 날씨를 전하는 데 시간이 많이 걸리겠지요? 최근에는 중국의 기상청(中国气象局 Zhōngguóqìxiàngjú)에서 제공하는 실시간 날씨 뉴스를 스마트폰이나 인터넷을 통해서도 간편하게 알 수 있어요.

중국어로 날씨를 예보할 때 자주 쓰이는 표현인 '转 zhuǎn'은 '변화하다'라는 뜻으로, 예를 들어 '多云转阴 duōyún zhuǎn yīn'은 '구름이 많다가 차차 흐려짐'이라는 뜻이랍니다.

你有什么爱好?

Nǐ yǒu shénme àihào? 넌 취미가 뭐니?

3

tán gāngqín
弹钢琴

tīng yīnyuè
听音乐

tiàowǔ
跳舞

wánr yóuxì
玩儿游戏

zuò miànbāo
做面包

yóuyǒng
游泳

 취미가 무엇인지 묻고 답하는 표현을 배워 봅시다.

❶ Nǐ yǒu shénme àihào?

❷ Wǒ xǐhuan zuò miànbāo.

Nǐ yǒu shén me ài hào?
你有什么爱好? 넌 취미가 뭐니?

Wǒ xǐ huan zuò miàn bāo
我喜欢做面包。 난 빵 만드는 거 좋아해.

단어

爱好 àihào 취미
做面包 zuò miànbāo 빵을 만들다
哇 wā 와 (감탄사)
难 nán 어렵다
跟 ~ 一起 gēn ~ yìqǐ ~와 함께
有意思 yǒu yìsi 재미있다

❸ Wā! Zhège bù nán ma?

❹ Gēn māma yìqǐ zuò miànbāo.
Hěn yǒu yìsi.

 Wā! Zhè ge bù nán ma?
哇！这个不难吗？

와! 그거 어렵지 않아?

Gēn mā ma yì qǐ zuò miàn bāo   Hěn yǒu yì si.
跟妈妈一起做面包。很有意思。

엄마와 함께 만들어. 재미있어.

취미가 무엇인지 물어볼 때는 你有什么爱好？라고 말해요.
대답할 때는 '喜欢'을 사용하여 '~하는 것을 좋아한다'라고 대답해요.

 🎧 13

你有什么爱好?

저는 춤추는 것 좋아해요. 아주 재밌어요.
Wǒ xǐhuan tiàowǔ. Hěn yǒu yìsi.

저는 게임을 좋아해요.
Wǒ xǐhuan wánr yóuxì.

저는 수영을 좋아해요.
Wǒ xǐhuan yóuyǒng.

저는 빵 만드는 것 좋아해요.
Wǒ xǐhuan zuò miànbāo.

단어

玩儿游戏 wánr yóuxì 게임하다

Wǒ xǐ huan wánr yóu xì
我喜欢玩儿游戏。

Wǒ xǐ huan tiào wǔ
我喜欢跳舞。
Hěn yǒu yì si
很有意思。

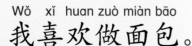
Wǒ xǐ huan zuò miàn bāo
我喜欢做面包。

Wǒ xǐ huan yóu yǒng.
我喜欢游泳。

Nǐ yǒu shén me ài hào?
你 有 什 么 爱 好 ？

3

Nǐ yǒu shén me ài hào?
* 你 有 什 么 爱 好 ？

넌 무슨 취미가 있니?

Wǒ xǐ huan wánr yóu xì.
1 我 喜 欢 玩 儿 游 戏 。

나 게임하는 거 좋아해.

나 빵 만드는 거 좋아해.

Wǒ xǐ huan zuò miàn bāo.
2 我 喜 欢 做 面 包 。

난 수영 좋아해.

바꿔 불러 보아요.

Wǒ xǐ huan yóu yǒng.
3 我 喜 欢 游 泳 。

* 弹钢琴 tán gāngqín 피아노 치다
* 听音乐 tīng yīnyuè 음악을 듣다

♥ 챈트 리듬에 맞추어 신나게 불러 보아요.

액자 속 숨은 단어를 모두 찾아 ○ 하고 빈칸에 병음과 뜻을 써 보아요.

难	병음		喜欢	병음		面包	병음
	뜻			뜻			뜻

听	병음		爱好	병음		音乐	병음
	뜻			뜻			뜻

3

① 다음 빈칸에 들어갈 알맞은 단어를 골라 기호를 쓰세요.

보기

ⓐ 面包 miànbāo　　ⓑ 钢琴 gāngqín　　ⓒ 音乐 yīnyuè

❶ 　❷ 　❸

我喜欢弹＿＿＿。　我喜欢听＿＿＿。　我喜欢做＿＿＿。

② 문장을 읽고 알맞은 그림 스티커를 떼어 붙이세요.

❶ Wǒ xǐhuan yóuyǒng.

❷ Wǒ xǐhuan wánr yóuxì.

❸ Wǒ xǐhuan tiàowǔ. Hěn yǒuyìsi.

③ 잘 듣고 맞으면 ○표, 틀리면 ✕표 하세요.

❶ 　❷ 　❸ 　❹

태극권

구련환

콩주

중국인의 전통 놀이

우리나라의 대표적 전통 놀이 하면 윷놀이, 널뛰기, 제기차기, 연날리기 등을 떠올릴 수 있습니다. 중국의 전통 놀이로는 전지, 마작, 콩주, 구련환 등이 있어요. 이 중 마작(麻将 májiàng)은 네 사람이 함께 하는 보드게임의 일종으로 숫자, 문자, 꽃이 그려진 136개 이상의 패를 사용하여 짝을 맞춰가며 즐기는 중국의 대표적인 놀이라고 볼 수 있어요. 이 밖에도 중국 사람들은 태극권(太极拳 tàijíquán)과 얼후 (二胡 èrhú - 중국의 전통 악기)를 취미로 연마하는 사람들이 많으며, 물을 묻힌 큰 붓으로 땅바닥에 붓글씨를 쓰는 지서(地书 dìshū) 등 다양한 취미 생활로 여가를 보내고 있어요.

 요즘은 중국도 개방의 물결을 타고 들어온 서구화된 각종 스포츠 활동을 즐기거나 인터넷의 보급으로 혼자서 하는 게임을 즐기는 사람들로 점점 늘어나고 있답니다.

마작

얼후

지서

4

학습포인트 사계절의 이름을 익히고 계절의 특징에 맞는 날씨 표현을 배워 봅시다.

❶ Kànkan nàbiān de hóngyè.

❸ Duō'ài, nǐ xǐhuan shénme jìjié?

❷ Māma, zhēnde hǎo měi ya!

Kàn kan nà biān de hóng yè.
看看那边的红叶。
저기 빨간 단풍 좀 봐.

Mā ma, zhēn de hǎo měi ya!
妈妈，真的好美呀！
엄마, 정말 예뻐요.

Duō' ài, nǐ xǐ huan shénme jì jié?
多爱，你喜欢什么季节？
다애야, 넌 무슨 계절을 좋아하니?

4

❺ Wǒ xǐhuan qiūtiān.
Bù lěng bú rè,
háiyǒu piàoliang de hóngyè.

❹ Wǒ xǐhuan xiàtiān.
Māma ne?

단어

那边 nàbiān 저기, 저쪽
红叶 hóngyè 단풍(잎)
真的 zhēnde 정말로
季节 jìjié 계절
夏天 xiàtiān 여름
秋天 qiūtiān 가을
不冷不热 bù lěng bú rè
춥지도 않고 덥지도 않다

 Wǒ xǐ huan xià tiān. Mā ma ne?
我喜欢夏天。妈妈呢？

저는 여름이 좋아요. 엄마는요?

 Wǒ xǐ huan qiū tiān.
我喜欢秋天。

난 가을이 좋아.

Bù lěng bú rè, hái yǒu piào liang de hóng yè.
不冷不热，还有漂亮的红叶。

춥지도 덥지도 않고, 예쁜 단풍도 있잖아.

说一说 shuō yi shuō 말해 보아요

여러분은 어떤 계절을 좋아하나요?
계절의 특징을 읽고, 친구들과 이야기해 보세요.

chūn
春

봄은 따뜻하고 꽃이 피지요.

**Chūntiān nuǎnhuo,
huā kāi le.**

xià
夏

여름은 더워서 땀이 나요.

**Xiàtiān hěn rè,
chūhàn le.**

qiū
秋

가을은 선선하고, 단풍이 들어요.

**Qiūtiān liángkuai,
fēngyè hóng le.**

dōng
冬

겨울은 추워요. 눈이 내려요.

**Dōngtiān hěn lěng.
Xiàxuě le.**

단어

春天 chūntiān 봄
暖和 nuǎnhuo 따뜻하다
花 huā 꽃
开 kāi 피다
出汗 chūhàn 땀이 나다
凉快 liángkuai 선선하다
枫叶 fēngyè 단풍잎
冬天 dōngtiān 겨울

Chūn tiān nuǎn huo, huā kāi le.
春天暖和，花开了。

Xià tiān hěn rè, chū hàn le.
夏天很热，出汗了。

Qiū tiān liáng kuai, fēng yè hóng le.
秋天凉快，枫叶红了。

Dōng tiān hěn lěng. Xià xuě le.
冬天很冷。下雪了。

19

Jì jié gē
季 节 歌

Chūn tiān nuǎnhuo.
春 天 暖 和。

Xià tiān hěn rè.
夏 天 很 热。

Qiū tiān liáng kuai.
秋 天 凉 快。

Dōng tiān hěn lěng.
冬 天 很 冷。

Yì nián yǒu sì ge jì jié.
一 年 有 四 个 季 节。

봄은 따뜻해요.

여름은 더워요.

가을은 선선해요.

겨울은 추워요.

일년에는 사계절이 있어요.

단어
一年 yìnián 일년

4

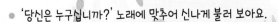

계절 돌림판 놀이

준비물 : 부록 오리기, 가위, 할핀 1개

你喜欢什么季节?

놀이 방법

1

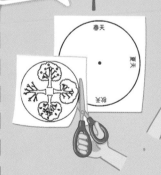

오리기 자료에 있는 돌림판 1과 돌림판 2를 오려요.

2

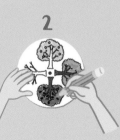

계절에 맞게 나무를 색칠해요.

3

돌림판2(큰 것)와 돌림판1(작은 것)을 서로 겹쳐 놓아요.

4

가운데 구멍을 뚫어 할핀으로 두 개를 고정시켜요.
할핀을 안전하게 사용해요!

5

계절의 특징에 맞는 표현을 떠올리며 돌림판을 돌려가며 묻고 답해 보아요.

  20

① '봄 – 여름 – 가을 – 겨울'을 차례대로 바르게 말한 친구를 고르세요.

① 夏天 – 秋天 – 冬天 – 春天 ☐

② 春天 – 夏天 – 秋天 – 冬天 ☐

③ 春天 – 冬天 – 秋天 – 夏天 ☐

② 친구들이 좋아하는 계절에 알맞은 그림과 병음 스티커를 떼어 붙이세요.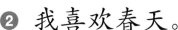

① 我喜欢秋天。　**②** 我喜欢春天。　**③** 我喜欢冬天。

③ 잘 듣고 대한이가 좋아하는 계절과 관계 있는 것을 고르세요.

① 　　**②** 　　**③**

很热 hěn rè　　暖和 nuǎnhuo　　很冷 hěn lěng

不冷不热   37

하얼빈 빙등 축제

중국은 넓은 땅만큼이나 기후가 다양하답니다. 중국의 최남단인 하이난다오(海南島 Hǎinándǎo)는 1월의 평균기온이 21도로 따뜻하지만, 중국에서 가장 추운 곳으로 유명한 하얼빈(哈尔滨 Hā'ěrbīn) 지역은 한겨울이 되면 영하 40도까지 내려가는 곳도 있다고 해요.

이곳은 겨울이 되면 눈이 많이 내리기로 유명해요. 매년 1월에는 눈과 얼음의 축제인 하얼빈 빙등 축제가 열린답니다. 축제의 야경은 아주 화려하고 매력적이랍니다.

味道怎么样?

Wèidào zěnmeyàng? 맛이 어때요?

kǔ
苦

là
辣

xián
咸

suān
酸

tián
甜

학습포인트 맛을 나타내는 단어를 익히고 음식의 맛을 표현해 봅시다.

❶ Zhōngwǔ zài xuéxiào chī shénme le?

❷ Chī chǎofàn le.

Zhōng wǔ zài xué xiào chī shén me le?
中午在学校吃什么了? 낮에 학교에서 뭐 먹었어?

Chī chǎo fàn le.
吃炒饭了。 볶음밥 먹었어요.

❸ Wèidào zěnmeyàng?

❹ Hěn hǎochī, jiùshì yǒudiǎn xián le.

5

단어

炒饭 chǎofàn 볶음밥
味道 wèidào 맛
就是 jiùshì 단지, 다만(부사)
咸 xián 짜다
有点(儿) yǒudiǎn(r) 조금, 약간

Wèi dào zěn me yàng?
味道怎么样?   맛이 어땠니?

Hěn hǎo chī,   jiù shì yǒu diǎn xián le.
很好吃，就是有点咸了。   맛있었어요. 조금 짜긴 했지만요.

* '有点(儿)' 뒤에는 주로 불만족스러운 상황을 나타내는 말이 따라옵니다.

음식의 맛이 어떠냐고 물어볼 때는
'味道怎么样?'이라고 말해요.
음식의 맛을 나타내는 표현을 함께 배워 보아요.

맛이 어떠니?
Wèidào zěnmeyàng?

자장면 아주 맛있어요.
Zhájiàngmiàn hěn hǎochī.

맛있어요. 조금 매워요.
Hǎochī. Jiùshì yǒudiǎn là.

아주 맛있어요. 조금 시어요.
Hěn hǎochī. Jiùshì yǒudiǎn suān.

Wèi dào zěn me yàng?
味道怎么样?

Zhá jiàngmiàn hěn hǎo chī.
炸酱面很好吃。

Hǎo chī.　Jiù shì yǒu diǎn là.
好吃。就是有点辣。

Hěn hǎo chī,　Jiù shì yǒu diǎn suān.
很好吃。就是有点酸。

단어
炸酱面 zhájiàngmiàn 자장면
辣 là 맵다
酸 suān 시다

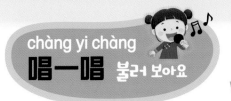

Wèi dào zěn me yàng?
味 道 怎 么 样 ?

Wèi dào zěn me yàng?
味 道 怎 么 样 ? × 2

Suān, suān, yǒudiǎn suān.
酸 , 酸 , 有 点 酸 。

Tián, tián, hěn hǎo chī.
甜 , 甜 , 很 好 吃 。

Kǔ, kǔ, yǒudiǎn kǔ.
苦 , 苦 , 有 点 苦 。

Là, là, yǒudiǎn là.
辣 , 辣 , 有 点 辣 。

Xián, xián, yǒudiǎn xián.
咸 , 咸 , 有 点 咸 。

Suān tián kǔ là xián.
酸 甜 苦 辣 咸 。 × 2

5

맛이 어때요?

시어요, 시어요, 조금 시어요.

달아요, 달아요, 아주 맛있어요.

써요, 써요, 조금 써요.

매워요, 매워요, 조금 매워요.

짜요, 짜요, 조금 짜요.

시고 달고 쓰고 맵고 짜요.

단어
甜 tián 달다
苦 kǔ 쓰다

● 챈트 리듬에 맞추어 신나게 불러 보아요.

준비물 : 부록 스티커

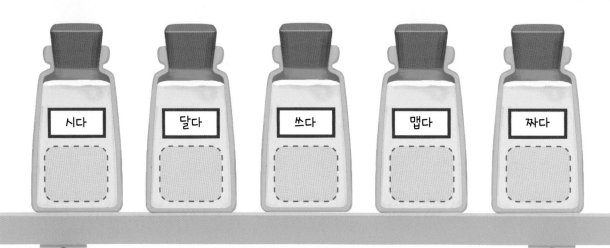

| 시다 | 달다 | 쓰다 | 맵다 | 짜다 |

酸 suān	甜 tián	苦 kǔ	辣 là	咸 xián
레몬				

놀이 방법

조미료 병에 알맞은 스티커를 떼어 붙이고 각각의 맛의 특징이 드러나는 음식 이름을 5개 이상 적어 봅시다.

① 음식의 맛을 나타내는 단어와 그림이 바르게 짝지어진 것을 고르세요.

❶ 咸 xián

❷ 辣 là

❸ 酸 suān

② 한자와 병음을 큰 소리로 읽고 단어의 뜻을 한글로 쓰세요.

| 酸 suān | 甜 tián | 苦 kǔ | 辣 là | 咸 xián |

③ 대화를 잘 듣고 음식과 그 맛이 어땠는지 바르게 표현한 문장을 고르세요.

❶ 炸酱面很好吃。

❷ 很好吃，就是有点酸。

❸ 很好吃，就是有点辣。

중국인의 차 문화

중국은 약 5천 년 전부터 차(茶 chá)를 마시기 시작했다고 해요. 차는 중국인들에게는 없어서는 안될 음료입니다. 중국의 차 문화는 느끼하고 기름기가 많은 중국 음식의 특성과도 연관이 있어요.

중국에서는 집에 손님이 오면 즉시 향기로운 차 한 잔을 대접하고 차를 마시면서 대화를 나누는데, 오랜 역사를 자랑하는 중국의 차는 그 종류도 매우 다양합니다.

차의 종류는 크게 홍차(红茶 hóngchá), 녹차(绿茶 lǜchá), 화차(花茶 huāchá) 로 나눠요.

차를 마실 때 예절도 지역마다 약간씩 다르다고 해요. 어떤 지역은 주인이 손님의 찻잔을 보고 찻잔에 차가 조금 남아있으면 더 마시고 싶다고 여겨서 계속 차를 따라 주며, 그만 마시고 싶을 때는 찻잔을 싹 비워버리면 더 이상 차를 따라주지 않는다고 해요.

06 这个多少钱?

Zhège duōshao qián? 이건 얼마예요?

duōshao qián
多少钱

6

măi
买

piányi
便宜

yào
要

2 Yí ge sānshí kuài.

1 Zhège duōshao qián?

Zhè ge duō shaoqián?
这个多少钱？　　이거 얼마예요?

Yí ge sānshí kuài.
一个30块。　　한 개에 30원입니다.

④ Hǎode. Liǎng ge wǔshí kuài.

③ Wǒ yào mǎi liǎng ge.
Piányi yìdiǎnr ba!

단어

多少钱 duōshao qián 얼마예요?
块 kuài 중국의 화폐 단위
(문어체에서는 元 yuán)
要 yào ~하려고 하다
买 mǎi 사다
便宜 piányi 싸다
一点儿 yìdiǎnr 조금, 약간

Wǒ yào mǎi liǎng ge.　　Pián yi yì diǎnr ba!
我要买两个。便宜一点儿吧！ 　두 개 살 거예요. 싸게 해 주세요!

Hǎo de.　　Liǎng ge wǔshí kuài.
好的。两个50块。 　　　　좋아요. 두 개 50원입니다.

* '一点儿(yìdiǎnr)'과 '有点儿(yǒudiǎnr)'은 둘 다 '조금, 약간'이라는 뜻이에요.
'有点儿'은 주로 불만족스러운 기분을 나타내는 말이 뒤에 와요.

shuō yi shuō
说一说 말해 보아요

물건의 가격을 물을 때는 多少钱?이라고 해요.
친구와 짝을 지어 대화해 봅시다.

1

Zhè ge duō shao qián?
这个多少钱?

Èrshí kuài.
20块。

Tài guì le.　Pián yi yì diǎnr ba!
太贵了。便宜一点儿吧!

Hǎo de.　Shíwǔ kuài qián ba!
好的。15块钱吧!

2

Wǒ yào mǎi zhè ge.
我要买这个。

Duō shao qián yí ge?
多少钱一个?

Yí ge sānshí kuài.
一个30块。

Pián yi yì diǎnr ba!
便宜一点儿吧!

Bù xíng!　Bù xíng!
不行! 不行!

이거 얼마예요?	이거 사려고 해요.
20원입니다.	한 개에 얼마예요?
너무 비싸요. 싸게 해 주세요!	한 개에 30원입니다.
좋아요. 15원에 줄게요!	싸게 해 주세요!
	안돼요! 안돼!

단어

太 tài 너무
贵 guì 비싸다

• '20원(20块钱)'이라고 말할 때는 '钱'을 생략하고 '20块'라고 말해도 됩니다.

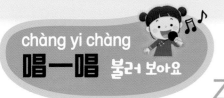

 29

Zhè ge duōshaoqián?
这 个 多 少 钱 ?

Zhè ge zhè ge duō shao qián?

这 个 这 个 多 少 钱 ?

Èrshí èrshí èrshí kuài

20 20 20 块。

Tài tài tài guì le.

太 太 太 贵 了。

Pián yi yì diǎnr ba!

便 宜 一 点 儿 吧!

이거 이거 얼마예요?

20 20 20위안이에요.

너무 너무 너무 비싸요.

싸게 해 주세요.

바꿔 불러 보아요.

*30 sānshí

6

● '나처럼 해봐라' 노래에 맞추어 신나게 불러 보아요.

yìqǐ wǎnr
一起玩儿 함께 놀아요

시장 놀이

준비물 : 부록 오리기, 스티커

多少钱？

橡皮 xiàngpí	铅笔 qiānbǐ	尺子 chǐzi
剪刀 jiǎndāo	胶水 jiāoshuǐ	彩纸 cǎizhǐ

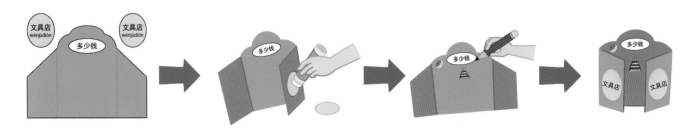

놀이 방법

1. 부록의 오리기 자료를 오려내요.

2. 양쪽을 접어 올리고 둥근 원 두 개는 오려서 붙여요.

3. 팔고 싶은 학용품 스티커를 떼어 붙이고, 받고 싶은 가격을 적어 보아요.

4. 짝꿍이 팔고 싶은 물건은 무엇인지 살펴보고 가격을 흥정해가며 시장 놀이해 봐요.

① '太贵了。'의 뜻과 한어병음이 바르게 연결된 것을 고르세요.

❶ 싸게 해 주세요.　　Piányi yìdiǎnr ba.

❷ 너무 비싸요.　　Tài guì le.

❸ 두 개 살 거예요.　　Wǒ yào mǎi liǎng ge.

6

② 민주가 산 장난감의 가격은 얼마인가요? 대화를 읽고 알맞은 것을 고르세요.

 这个多少钱?

 一个30块。

 便宜一点吧。

 好的。25块钱吧!

❶ 25块　　　❷ 30块　　　❸ 50块

③ 대화를 잘 듣고 빈칸에 들어갈 말을 고르세요.

A : 이거 얼마예요?

B : 한 개에 _____ 입니다

A : 두 개 살 건데 싸게 해 주세요.

B : 좋아요. 두 개에 100원입니다.

❶ 50块　　　❷ 55块　　　❸ 60块

중국의 할인행사

한국과 마찬가지로 중국의 백화점이나 대형마트에서도 손님을 끌기 위해 다양한 할인행사를 하는 경우가 많아요.

할인 기간이 되면 '打8折(dǎ bā zhé)'라고 써 놓은 것을 흔히 볼 수 있어요. 우리나라는 100%를 기준으로 10% 할인', 20% 할인'과 같이 할인되는 비율을 표시하지만, 중국은 10을 기준으로 내야 할 돈을 비율로 표시하는 것이 우리나라의 할인 표시 방법과 조금 다르다고 할 수 있어요. '8折'라고 적혀 있다면, 10을 기준으로 8에 해당하는 금액을 내야 하니까 20% 할인이라는 뜻입니다.

또 할인기간에 '买一送一'(mǎi yī sòng yī)라고 붙여놓은 상품도 흔히 볼 수 있는데, 이것은 한 개를 사면 한 개를 덤으로 준다는 의미 즉 '1+1 행사'라는 뜻입니다.

단어

打折 dǎzhé 할인하다, 디스카운트하다
买一送一 mǎi yī sòng yī 하나 사면 하나는 공짜(1+1)

31

7

tóu téng
头疼

sǎngzi téng
嗓子疼

liú bítì
流鼻涕

fāshāo
发烧

dùzi téng
肚子疼

késou
咳嗽

학습포인트 아픈 곳의 증상을 나타내는 단어를 익히고 말해 봅시다.

① Nǐ zěnme le?

② Yòu liú bítì yòu késou, méi yǒu lìqi.

단어

又~又~ yòu~ yòu~
~하기도 하고 ~하기도 하다
(동시에 두 가지 일이나 상황이 발생함)
力气 lìqi 힘,기운
咳嗽 késou 기침하다
流鼻涕 liú bítì 콧물을 흘리다

Nǐ zěn me le?
你怎么了?   너 왜 그래?

Yòu liú bí tì yòu ké sou,   méi yǒu lì qi.
又流鼻涕又咳嗽，没有力气。   콧물 나고 기침도 하고, 기운이 없어.

7

❹ Qùguo le. Yīshēng ràng wǒ chī yào hǎohāo xiūxi.

❸ Nǐ děi qù yīyuàn kànkan.

단어

得 děi ~해야 한다
过 guo 과거의 경험을 나타냄
让 ràng ~하게 하다
药 yào 약
好好 hǎohāo 충분히, 잘
休息 xiūxi 휴식하다, 쉬다

Nǐ děi qù yī yuàn kàn kan.
你得去医院看看。
너 병원에 가 봐야겠어.

Qù guo le.
去过了。
병원 다녀왔어.

Yī shēng ràng wǒ chī yào hǎo hāo xiū xi.
医生让我吃药好好休息。
의사 선생님이 나더러 약 먹고 푹 쉬래.

의사 선생님이 你哪儿不舒服？Nǐ nǎr bù shūfu?
'어디가 아프니?' 라고 물어요. 아픈 곳의 증상을 말해 보아요.

너 어디가 불편하니?
Nǐ nǎr bù shūfu?

열이 나고 배도 아파요.
Yòu fāshāo yòu dùzi téng.

너 어디가 불편하니?
Nǐ nǎr bù shūfu?

기침도 하고 콧물도 나와요.
Yòu késou yòu liú bítì.

단어

不舒服 bù shūfu 불편하다
发烧 fāshāo 열이 나다
肚子疼 dùzi téng 배가 아프다

 Nǐ nǎr bù shū fu?
你哪儿不舒服？

 Yòu fā shāo yòu dù zi téng.
又发烧又肚子疼。

 Nǐ nǎr bù shū fu?
你哪儿不舒服？

 Yòu ké sou yòu liú bí tì.
又咳嗽又流鼻涕。

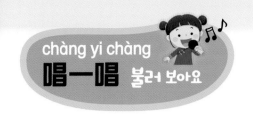

chàng yi chàng
唱一唱 불러 보아요

🎧 34

Nǐ zěn me le?
你 怎 么 了？

1 Nǐ zěn me le? 你 怎 么 了？×2 　Yòu ké sou yòu liú bí tì,　又 咳 嗽 又 流 鼻 涕，

Méi yǒu lì qi méi yǒu lì qi hěn nán shòu.　沒 有 力 气 沒 有 力 气 很 难 受。

2 Nǐ zěn me le? 你 怎 么 了？×2 　Yòu fā shāo yòu dù zi téng　又 发 烧 又 肚 子 疼，

Méi yǒu lì qi méi yǒu lì qi hěn nán shòu.　沒 有 力 气 沒 有 力 气 很 难 受。

7

어디 아프니? 어디 아프니?

기침 나고 콧물 나, 힘이 없어 힘이 없어, 견디기 힘들어.

어디 아프니? 어디 아프니?

열이 나고 배도 아파, 힘이 없어 힘이 없어, 견디기 힘들어.

● '동물흉내' 노래에 맞추어 신나게 불러 보아요.

타어
难受 nánshòu 견디기 힘들다

你得去医院看看 59

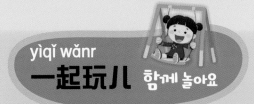

yìqǐ wǎnr
一起玩儿 함께 놀아요

숨은 그림 찾기
증상에 관한 단어의 그림을 찾아 번호를 쓰고 예쁘게 색칠해 보아요.

1 tóu téng **2** sǎngzi téng **3** fāshāo

4 liú bítì **5** késou **6** dùzi téng

(단어)

头疼 tóu téng 머리가 아프다
嗓子疼 sǎngzi téng 목이 아프다

① 사다리를 타고 내려가서 빈칸에 한어병음을 써 보세요.

发烧　　　　　　肚子疼　　　　　　头疼

_____　　_____　　_____

② 그림을 보고 두 친구의 증상을 바르게 나타낸 것을 고르세요.

❶ dùzi téng　　— késou

❷ tóu téng　　— fāshāo

❸ sǎngzi téng　— liú bítì

③ 잘 듣고 아픈 곳이 어디인지 생각해 보고 증상에 알맞은 스티커를 떼어 붙이세요.

❶　 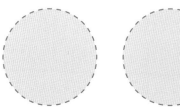　　　　❷　

중국의 병원에 대해서 알아보아요

중국의 병원도 한국의 병원과 크게 다른 점은 없습니다. 중국의 병원은 입구에 들어서자마자 바로 보이는 것이 '접수'라는 의미의 '挂号'(guàhào)라는 글자입니다. 접수를 마치고 나면 진료(诊疗 zhěnliáo)를 보게 됩니다. 진료는 일반진료와 전문 진료로 나누어 지는데, 전문 진료를 받기 위해 이른 아침부터 길게 줄을 서서 접수를 기다리는 중국인들을 흔히 볼 수 있어요.

한편 중국 사람들은 수천 년 전부터 내려오는 중의학으로 질병을 치료하는 사람들도 많아요.

niúzǎikù
牛仔裤

qúnzi
裙子

shǒutào
手套

màozi
帽子

yīguì
衣柜

8

yǐzi
椅子

shāfā
沙发

zhuōzi
桌子

wàzi
袜子

학습포인트 주변 물건의 이름을 익히고 위치를 표현해 봅시다.

❷ Zài nǐ de yīguì lǐ.

❶ Māma, wǒ de shǒutào zài nǎr?

Mā ma, wǒ de shǒu tào zài nǎr?
妈妈，我的手套在哪儿？

엄마, 제 장갑 어디에 있어요?

Zài nǐ de yī guì lǐ.
在你的衣柜里。

네 옷장 안에 있어.

❸ Wǒ kànkan.
Màozi yě zhǎo bú dào.

❹ Bú shì nàge ma?
Zài zhuōzi shàng ne.

8

단어

手套 shǒutào 장갑
衣柜 yīguì 옷장
帽子 màozi 모자
找 zhǎo 찾다, 발견하다
找不到 zhǎo búdào
못 찾았다, 찾지 못했다
在~上 zài ~ shàng ~위에 있다
桌子 zhuōzi 책상

Wǒ kàn kan.　Mào zi　yě zhǎo bú dào.

我看看。帽子也找不到。

볼게요. 모자도 안 보여요.

Bú shì nà ge ma?　Zài zhuō zi shàng ne.

不是那个吗？在桌子上呢。

저거 아니니? 책상 위에 있네.

'~안에 있다'라고 말할 때는 '在~里', '~위에 있다'는
'在~上', '~아래에 있다'는 '在~下'로 표현해요

치마는 옷장 안에 있어.
Qúnzi zài yīguì lǐ.

모자는 의자 위에 있어.
Màozi zài yǐzi shàng.

양말은 책상 밑에 있어.
Wàzi zài zhuōzi xià.

청바지는 소파 위에 있어.
Niúzǎikù zài shāfā shàng.

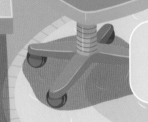

Qún zi zài yī guì lǐ.
裙子在衣柜里。
Mào zi zài yǐ zi shàng.
帽子在椅子上。

Wà zi zài zhuō zi xià.
袜子在桌子下。
Niú zǎi kù zài shā fā shàng.
牛仔裤在沙发上。

단어

裙子 qúnzi 치마
椅子 yǐzi 의자
袜子 wàzi 양말
牛仔裤 niúzǎikù 청바지
沙发 shāfā 소파

  39

Shǒu tào zài nǎr?
手 套 在 哪 儿 ？

Shǒu tào zài nǎr? Shǒu tào zài yī guì lǐ.
手 套 在 哪 儿 ？ 手 套 在 衣 柜 里 。

Mào zi zài nǎr? Mào zi zài yǐ zi shàng.
帽 子 在 哪 儿 ？ 帽 子 在 椅 子 上 。

Wà zi zài nǎr? Wà zi zài zhuō zi shàng.
袜 子 在 哪 儿 ？ 袜 子 在 桌 子 上 。

Shǒu tào, mào zi, hái yǒu wà zi dōu zhǎo dào le.
手 套 、帽 子 、还 有 袜 子 都 找 到 了 。

8

장갑은 어디에 있지? 장갑은 옷장 안에 있어.

모자는 어디에 있지? 모자는 의자 위에 있어.

양말은 어디에 있지? 양말은 책상 위에 있어.

장갑, 모자, 그리고 양말 모두 찾았어.

● 챈트 리듬에 맞추어 신나게 불러 보아요.

단어
找到 zhǎodào 찾아내다

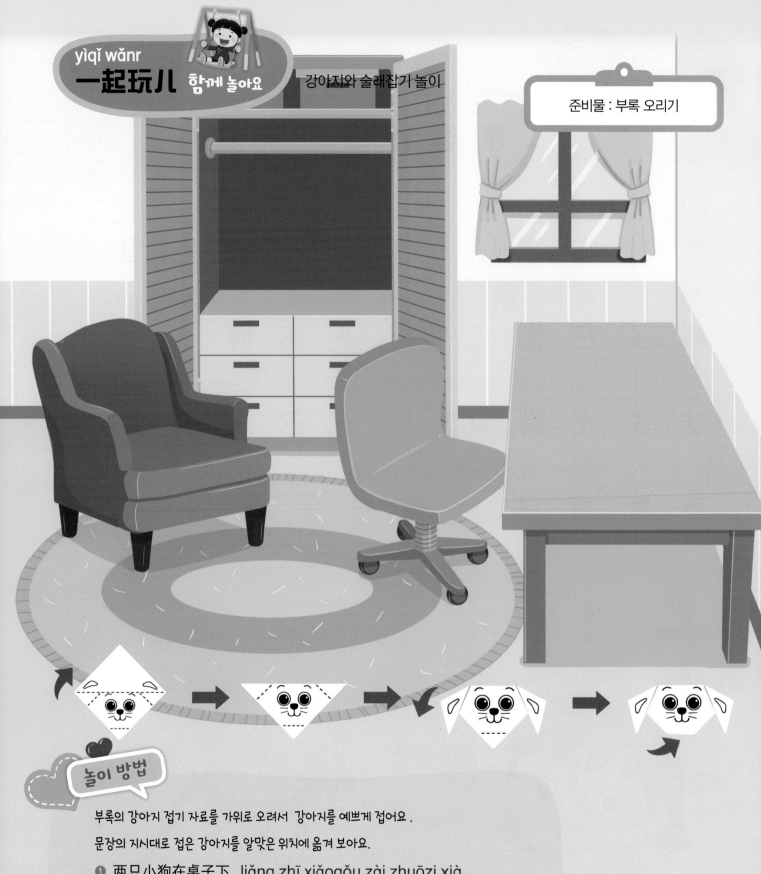

yìqǐ wánr
一起玩儿 함께 놀아요

강아지와 술래잡기 놀이

준비물 : 부록 오리기

놀이 방법

부록의 강아지 접기 자료를 가위로 오려서 강아지를 예쁘게 접어요.

문장의 지시대로 접은 강아지를 알맞은 위치에 옮겨 보아요.

❶ 两只小狗在桌子下　liǎng zhī xiǎogǒu zài zhuōzi xià

❷ 一只小狗在椅子下　yì zhī xiǎogǒu zài yǐzi xià

❸ 三只小狗在沙发上　sān zhī xiǎogǒu zài shāfā shàng

❹ 一只小狗在衣柜里　yì zhī xiǎogǒu zài yīguì lǐ

단어

只 zhī 마리
(동물을 세는 양사)

做一做 풀어 보아요

① 다음 대화문을 읽고 알맞은 그림을 고르세요.

> A : Shǒutào zài nǎr?
>
> B : Zài yǐzi shàng.

❶ 　　❷ 　　❸

8

② '청바지는 소파 위에 있어'를 중국어로 바르게 말한 친구는 누구인가요?

❶ 裙子在衣柜里。Qúnzi zài yīguì lǐ.

❷ 袜子在桌子下。Wàzi zài zhuōzi xià.

❸ 牛仔裤在沙发上。Niúzǎikù zài shāfā shàng.

③ 잘 듣고 문장에 어울리는 스티커를 차례대로 붙이세요.

❶ 　❷ 　❸ 　❹

我的手套在哪儿? 69

치파오

치파오(旗袍 qípáo)는 청나라 때부터 입기 시작한 중국의 전통의상으로 원래는 남녀 의상 모두를 가리켰으나, 근래에는 보통 원피스 형태로 된 여성 옷을 지칭합니다. 치파오의 눈에 띄는 큰 특징이라 하면 화려한 색상, 몸매가 드러나는 디자인, 그리고 옆트임이라 할 수 있어요.

치파오는 비단으로 된 화려한 것에서부터 면 소재로 만들어진 실용적인 것에 이르기까지 그 종류도 아주 다양해요.

특히 빨간색의 치파오는 점차 여성의 결혼식 예복으로 자리 잡기 시작했고, 중국의 어린이들도 춘절과 같은 명절이나 졸업식 등 특별한 날에 치파오를 입는답니다.

부록

연습문제 정답

단어표

연습문제 정답

第一课 13쪽

1.

笑 xiào 　哭 kū 　害怕 hàipà

2.

3.

xīnqíng bù hǎo 　　gāoxìng

듣기스크립트

1. 看起来，今天你的心情不好。
2. 看起来，今天你很高兴。

第二课 21쪽

1. ① qíngtiān － guāfēng － xiàxuě

　② yīntiān － duōyún － xiàyǔ

　✔③ duōyún － xiàyǔ － guāfēng

2.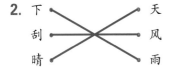

3. ① 晴天 　집에서 음악 듣는 것을 좋아해서

　② 下雪 　눈사람을 만드는 것을 좋아하지 않아서

　✔③ 下雨 　밖에 나가 축구를 할 수 없어서

듣기스크립트

A: 你喜欢雨天吗？
B: 不喜欢。因为不能在外边踢足球。

第三课 29쪽

1.

我喜欢弹 ⓑ . 　我喜欢听 ⓒ . 　我喜欢做 ⓐ .

2. ①

　②

　③

3. ① ② ③ ④

　○ 　　○ 　　✕ 　　○

듣기스크립트

1. 我喜欢跳舞。很有意思。
2. 我喜欢做面包。
3. 我喜欢玩儿游戏。
4. 我喜欢弹钢琴。

第四课 37쪽

1. ① 夏天 － 秋天 － 冬天 － 春天 〇

　② 春天 － 夏天 － 秋天 － 冬天 ○

　③ 春天 － 冬天 － 秋天 － 夏天 〇

2. ❶ 我喜欢秋天。　❷ 我喜欢春天。　❸ 我喜欢冬天。

| qiūtiān | chūntiān | dōngtiān |

3. ❶ 很热 hěn rè　❷ 暖和 nuǎnhuo　❸ 很冷 hěn lěng

듣기스크립트

A: 大韩! 你喜欢什么季节？
B: 我喜欢冬天。你呢？
A: 我喜欢夏天。

第五课　　45쪽

1. ❶ 咸 xián　❷ 辣 là　❸ 酸 suān

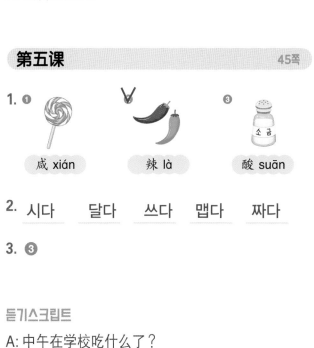

2. 시다　달다　쓰다　맵다　짜다

3. ❸

듣기스크립트

A: 中午在学校吃什么了？
B: 吃炒饭了。
A: 味道怎么样？
B: 很好吃，就是有点辣。

第六课　　53쪽

1. ❶ 싸게 해 주세요. Piányi yìdiǎnr ba.

❷ 너무 비싸요. Tài guì le.

❸ 두 개 살 거예요. Wǒ yào mǎi liǎng ge.

2. ❶

3. ❷

듣기스크립트

A: 这个多少钱？
B: 一个55块。
A: 我要买两个。便宜一点儿吧!
B: 好的。两个100块。

第七课　　61쪽

1.

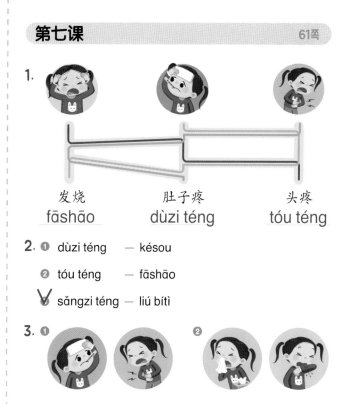

发烧 fāshāo　肚子疼 dùzi téng　头疼 tóu téng

2. ❶ dùzi téng — késou

❷ tóu téng — fāshāo

❸ sǎngzi téng — liú bítì

3. ❶　❷

듣기스크립트

1. A: 你怎么了？
   B: 又发烧又肚子疼。没有力气。
2. A: 你怎么了？
   B: 又流鼻涕又咳嗽。没有力气。

第八课 69쪽

1.

2. ❶ 裙子在衣柜里。Qúnzi zài yīguì lǐ.

   ❷ 袜子在桌子下。Wàzi zài zhuōzi xià.

    牛仔裤在沙发上。Niúzǎikù zài shāfā shàng.

3. ❶ ❷ ❸ ❹

듣기스크립트

1. 帽子在椅子上。
2. 裙子在衣柜里。
3. 袜子在桌子下。
4. 牛仔裤在沙发上。

종합평가 1과-8과 정답

1. ①	2. ②	3. ③	4. ①	5. ③
6. ②	7. ①	8. ②	9. ③	10. ③
11. ②	12. ③	13. ①	14. ②	15. ③
16. ③	17. ②,③	18. ②	19. ①	20. ③

뽀포모포 말하기 4 단어표

제 1 과

看起来	kàn qǐlái	보아하니, 보기에 ~하다
心情	xīnqíng	기분, 감정
啊	a	어기조사(문장 끝에 쓰여 긍정을 나타냄)
高兴	gāoxìng	기쁘다
考试	kǎoshì	시험
得	dé	얻다, 획득하다
100分	yìbǎi fēn	100점
哭	kū	울다
担心	dānxīn	걱정하다
害怕	hàipà	무서워하다
哭	kū	울다
笑	xiào	웃다

제 2 과

雨天	yǔtiān	비 오는 날
因为	yīnwèi	왜냐하면
外边	wàibian	바깥
听说	tīngshuō	듣자(하)니, 듣건대
下雨	xiàyǔ	비가 오다
刮风	guāfēng	바람이 불다
非常	fēicháng	대단히, 매우
正在 ~呢	zhèngzài~ne	~하고 있다
下雪	xiàxuě	눈이 내리다
多云	duōyún	구름이 많다
晴天	qíngtiān	맑음
阴天	yīntiān	흐림
天气预报员	tiānqì yùbàoyuán	기상캐스트

제 3 과

爱好	àihào	취미
做面包	zuò miànbāo	빵을 만들다
哇	wā	와(감탄사)
难	nán	어렵다
跟 ~ 一起	gēn ~ yìqǐ	~와 함께
有意思	yǒu yìsi	재미있다
玩儿游戏	wánr yóuxì	게임하다
弹钢琴	tán gāngqín	피아노 치다
听音乐	tīng yīnyuè	음악을 듣다

제 4 과

那边	nàbiān	저기, 저쪽
红叶	hóngyè	단풍(잎)
真的	zhēnde	정말로
季节	jìjié	계절
夏天	xiàtiān	여름
秋天	qiūtiān	가을
不冷不热	bù lěng bú rè	춥지도 않고 덥지도 않다
春天	chūntiān	봄
暖和	nuǎnhuo	따뜻하다
花	huā	꽃
开	kāi	피다
出汗	chūhàn	땀이 나다
凉快	liángkuai	선선하다
枫叶	fēngyè	단풍잎
冬天	dōngtiān	겨울
一年	yìnián	일년

제 5 과

炒饭	chǎofàn	볶음밥
味道	wèidào	맛
就是	jiùshì	단지, 다만
咸	xián	짜다
有点(儿)	yǒudiǎn(r)	조금, 약간
炸酱面	zhájiàngmiàn	자장면
辣	là	맵다
酸	suān	시다
甜	tián	달다
苦	kǔ	쓰다

제 6 과

多少钱	duōshao qián	얼마예요?
块	kuài	중국의 화폐 단위
要	yào	~하려고 하다
买	mǎi	사다
便宜	piányi	싸다
一点儿	yìdiǎnr	조금, 약간
太	tài	너무
贵	guì	비싸다

제 7 과

又~又~	yòu~ yòu~	~하기도 하고 ~하기도 하다
力气	lìqi	힘, 기운
咳嗽	késou	기침하다
流鼻涕	liú bítì	콧물을 흘리다
得	děi	~해야 한다
过	guo	과거의 경험을 나타냄
让	ràng	~하게 하다
药	yào	약
好好	hǎohāo	충분히, 잘
休息	xiūxi	휴식하다, 쉬다
不舒服	bù shūfu	불편하다
发烧	fāshāo	열이 나다
肚子疼	dùzi téng	배가 아프다
难受	nánshòu	견디기 힘들다
头疼	tóu téng	머리가 아프다
嗓子疼	sǎngzi téng	목이 아프다

제 8 과

手套	shǒutào	장갑
衣柜	yīguì	옷장
帽子	màozi	모자
找	zhǎo	찾다, 발견하다
找不到	zhǎo búdào	못 찾았다, 찾지 못했다
在~上	zài ~ shàng	~위에 있다
桌子	zhuōzi	책상
裙子	qúnzi	치마
椅子	yǐzi	의자
袜子	wàzi	양말
牛仔裤	niúzǎikù	청바지
沙发	shāfā	소파
找到	zhǎodào	찾아내다
只	zhī	마리(동물을 세는 양사)

신한미

"셴라오스~~"

학생들이 수업 시간에 이렇게 선생님을 부르며 찾아줄 때 가장 행복하다고 해요.

부산대학교에서 중어중문학을 전공하고 한국방송통신대학원 실용중국어학과에서 석사학위를 받았어요.

염경초, 유석초, 등원초에서 어린이들에게 중국어를 가르쳤고, 현재는 서울 예일초등학교에서 중국어 교과전담 교사로 재직 중이며, 네이버카페 '친구들아 중국어랑 놀자'를 운영하고 있어요.

주요 저서로 〈뽀포모포 어린이 중국어 발음〉(1~2권), 〈뽀포모포 어린이 중국어 단어〉(1~2권) 제이플러스, 〈착 붙는 新HSK 실전모의고사 1급〉, 〈하오빵 新HSK 실전모의고사 1급〉 시사중국어사 등이 있으며, '다중지능이론에 기반한 어린이 중국어 수업 연구(2018)'라는 제목으로 논문을 발표했어요.

뽀포모포 어린이 중국어 말하기 ❹

초판 발행	2022년 4월 25일
저자	신한미
발행인	이기선
발행처	제이플러스
삽화	전진희
등록번호	제10-1680호
등록일자	1998년 12월 9일
주소	서울시 마포구 월드컵로 31길 62 제이플러스
구입문의	02-332-8320
내용문의	070-4734-6248
팩스	02-332-8321
홈페이지	www.jplus114.com
ISBN	979-11-5601-189-7(63720)

©JPLUS 2022

14. '맛이 어때요?'라는 문장의 빈칸에 들어갈 알맞은 단어를 고르세요.

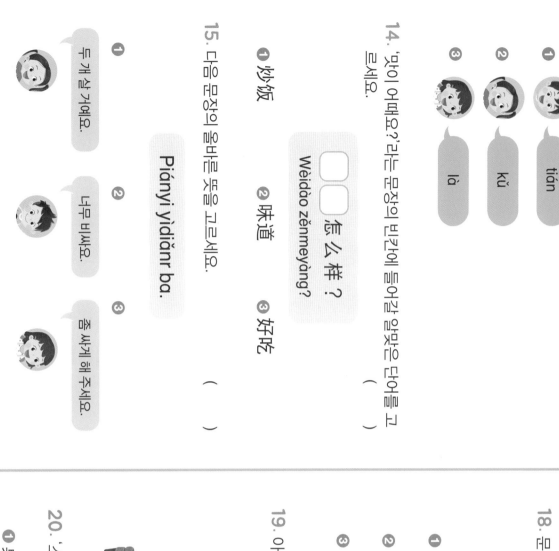

① tián

② kǔ

③ là

怎么样？
Wèidào zěnmeyàng?

① 炒饭　② 味道　③ 好吃　　( )

15. 다음 문장의 올바른 뜻을 고르세요.

Piányi yìdiǎnr ba.

① 무게 쌀 거예요.

② 너무 비싸요.

③ 좀 싸게 해 주세요.

18. 문장을 읽고 밑줄 친 단어를 바르게 읽은 친구를 고르세요.

手套在椅子下。

① qúnzi / xià

② shǒutào / xià

③ màozi / shàng

( )

19. 아래 문장에 어울리는 그림을 고르세요.

牛仔裤在沙发上。

①　　　②　　　③

( )

20. '소파'를 한자와 병음으로 바르게 묶인 것을 고르세요.

① 桌子 — zhuōzi
② 椅子 — yǐzi
③ 沙发 — shāfā

( )

你有什么爱好？

❶ Wǒ xǐhuan tiàowǔ.
❷ Jīntiān tiānqì fēicháng hǎo.
❸ Wǒ xǐhuan tángāngqín.

9. '봄 여름 가을 겨울'을 한자로 바르게 쓴 것을 고르세요. ( )

❶ 春天 秋天 冬天 夏天
❷ 秋天 冬天 夏天 春天
❸ 春天 夏天 秋天 冬天

10. 그림을 보고 바르게 표현한 것을 고르세요.

❶ 枫叶红了。Fēngyè hóng le.

❷ 出汗了。Chūhàn le.

❸ 花开了。Huā kāi le.

---

❷ 무섭다 － 걱정스럽다 － 기쁘다
❸ 걱정스럽다 － 무섭다 － 기쁘다

4. 아래 문장을 바르게 해석한 친구를 고르세요. ( )

Jīntiān tiānqì zěnme yàng?
今天天气怎么样？

❶ 오늘 날씨 어때?

❷ 넌 비오는 날 좋아?

❸ 밖에 눈 와요?

5. 그림을 잘 보고 대답으로 알맞은 문장을 고르세요. ( )

天气怎么样？

❶ 外边刮风。　　　Wàibian guāfēng.
❷ 今天天气非常好。Jīntiān tiānqì fēicháng hǎo.
❸ 正在下雪呢。　　Zhèngzài xiàxuě ne.

11. 사계절 중에서 '가을'의 날씨와 관계있는 표현을 고르세요.

① 热 rè
② 凉快 liángkuài
③ 冷 lěng

( )

12. 단어의 뜻에 알맞은 그림을 고르세요.

xián
咸

 ①

 ②

③

( )

13. 음식의 맛을 나타내는 표현 중에서 다음 단어를 바르게 읽은 친구는 누구인가요?

甜

( )

16. 민주가 학용품 가게에 가서 물건을 사려고 해요. 두 사람의 대화를 읽고 맞는 내용을 고르세요.

Zhège duōshao qián?

Èrshí kuài.

Tài guì le.
Piányi yìdiǎnr ba!

Hǎode. Shíwǔ kuài ba!

① 민주는 30위안 주고 학용품을 구입했다.
② 민주는 20위안 주고 학용품을 구입했다.
③ 민주는 15위안 주고 학용품을 구입했다.

17. 감기 증상 중에서 아래의 문장과 관계 있는 그림을 두 개 고르세요.

Yòu liú bítì yòu késou.
又流鼻涕又咳嗽。

 ①

 ②

 ③

( )

종합평가 1과~8과

학번: 이름: 날짜:

---

1. 그림의 표정과 어울리지 <u>않는</u> 단어를 고르세요. ( )

❶ dānxīn
❷ gāoxìng
❸ xiào

2. 아래의 문장을 그림으로 나타낸 것 중 바른 것을 고르세요. ( )

Jiějie xiào le. Wǒ yě xiào le.
姐姐笑了。我也笑了。

❶   ❷   ❸

3. 기분을 나타내는 단어를 바르게 나열한 것을 고르세요. ( )

dānxīn - hàipà - gāoxìng

❶ 기쁘다 - 무섭다 - 걱정스럽다

6. 밑줄 친 단어와 관계있는 그림을 고르세요. ( )

你<u>喜欢</u>雨天吗?

❶   ❷   ❸

7. 그림에서 다애는 엄마와 함께 무엇을 하고 있나요? ( )

❶ 做面包 zuò miànbāo
❷ 玩儿游戏 wánr yóuxì
❸ 游泳 yóuyǒng

8. 친구가 '넌 어떤 취미가 있니?' 라고 물어요. 대답으로 어색한 것을 고르세요. ( )

4과 p.36 계절 돌림판 만들기 [**돌림판 1**]

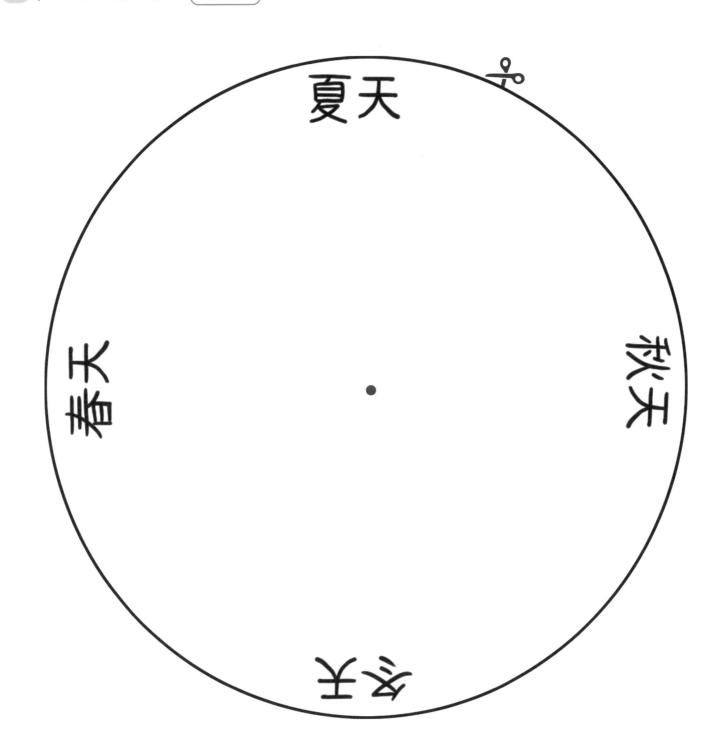

4과 p.36 계절 돌림판 만들기 [**돌림판 2**]

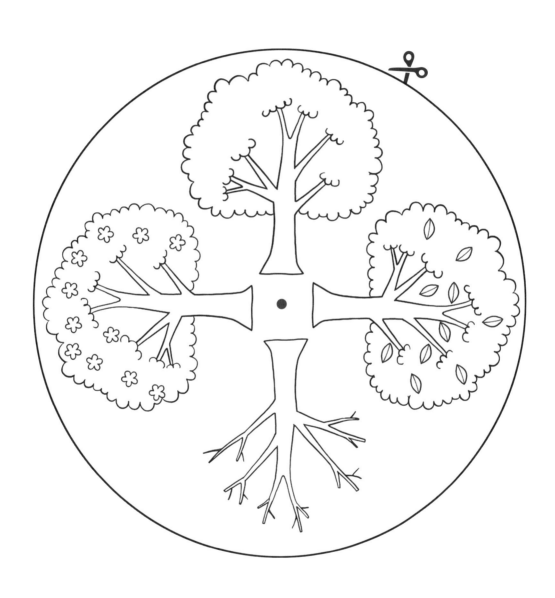

6과 p.52 시장 놀이 만들기

———— 자르는 선
- - - - - - 접는 선

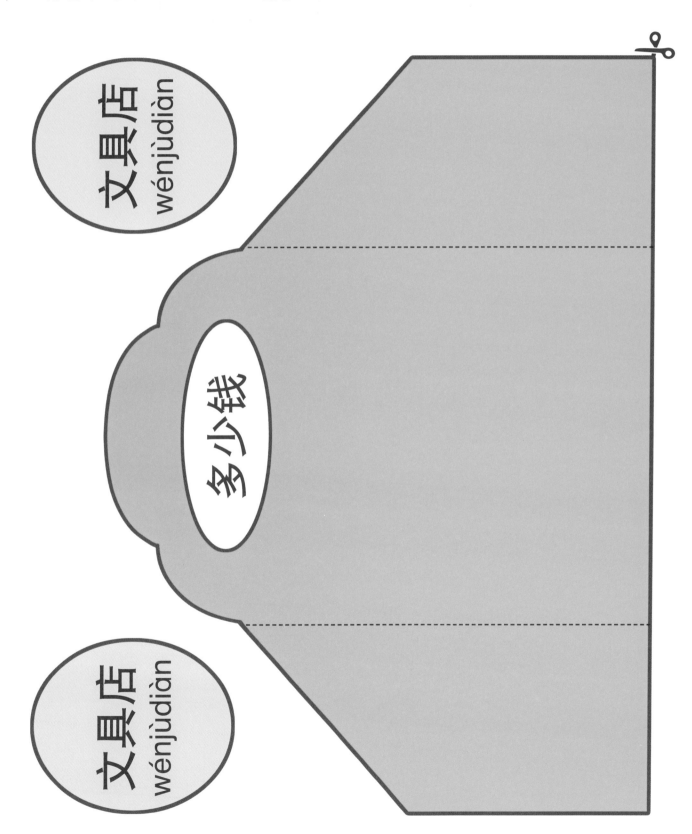

文具店
wénjùdiàn

多少钱

文具店
wénjùdiàn

8과 p.68 강아지 접기

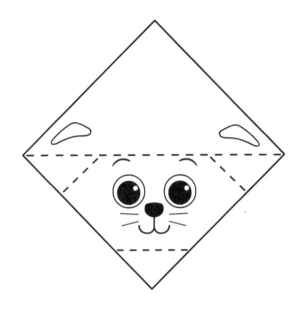

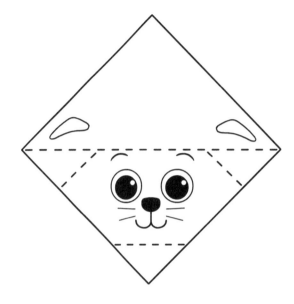

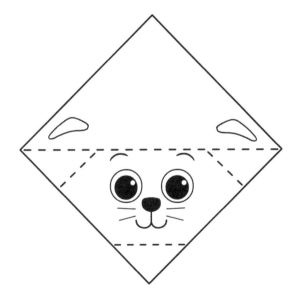

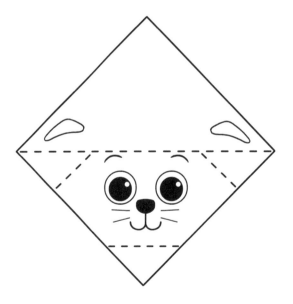

─────── 자르는 선

- - - - - - - 접는 선

1과 p.12 표정 카드

복습 및 게임활동 시간에 다양하게 활용하세요.

2과 날씨 그림 카드

복습 및 게임활동 시간에 다양하게 활용하세요.

多云 duōyún	晴天 qíngtiān
刮风 guāfēng	下雨 xiàyǔ
阴天 yīntiān	下雪 xiàxuě

3과 취미 그림카드

복습 및 게임활동 시간에 다양하게 활용하세요.

做面包 zuò miànbāo

游泳 yóuyǒng

跳舞 tiàowǔ

玩儿游戏 wánr yóuxì

弹钢琴 tán gāngqín

听音乐 tīng yīnyuè

5과 맛 단어카드

복습 및 게임활동 시간에 다양하게 활용하세요.

酸	甜	苦	辣	咸
suān	tián	kǔ	là	xián
酸	甜	苦	辣	咸
suān	tián	kǔ	là	xián

dōngtiān

qiūtiān

chūntiān

酸　苦　甜　咸　辣